MW01377933

Printed in the USA
CPSIA information can be obtained
at www.ICGtesting.com
CBHW070320030724
11009CB00019B/1370

9 789358 722895

قرآن مجید میں نسائیات کا ذکر

(مضامین)

مرتب:

اعجاز عبید

© Taemeer Publications LLC
Quran Majeed mein Nisaa'iyyaat ka Zikr
by: Aijaz Ubaid
Edition: February '2024
Publisher :
Taemeer Publications LLC (Michigan, USA / Hyderabad, India)

ISBN 978-93-5872-289-5

مصنف یا ناشر کی پیشگی اجازت کے بغیر اس کتاب کا کوئی بھی حصہ کسی بھی شکل میں بشمول ویب سائٹ پر اَپ لوڈنگ کے لیے استعمال نہ کیا جائے۔ نیز اس کتاب پر کسی بھی قسم کے تنازع کو نمٹانے کا اختیار صرف حیدرآباد (تلنگانہ) کی عدلیہ کو ہو گا۔

© تعمیر پبلی کیشنز

کتاب	:	قرآن مجید میں نسائیات کا ذکر (مضامین)
مرتبہ	:	اعجاز عبید
صنف	:	مذہب
ناشر	:	تعمیر پبلی کیشنز (حیدرآباد، انڈیا)
سالِ اشاعت	:	۲۰۲۴ء
صفحات	:	۳۰
سرورق ڈیزائن	:	تعمیر ویب ڈیزائن

فہرست

تمہید		6
(۱)	عورت کی حیثیت	9
(۲)	ازدواجی زندگی	15
(۳)	بدکاری	19
(۴)	تعدد ازدواج	21

تمہید

اسلام میں نسائیات کے موضوع پر غور کرنے سے پہلے اس نکتہ کا پیش نظر رکھنا ضروری ہے کہ اسلام نے ان افکار کا مظاہرہ اس وقت کیا ہے جب باپ اپنی بیٹی کو زندہ دفن کر دیتا تھا اور اس جلادیت کو اپنے لیے باعث عزت و شرافت تصور کرتا تھا عورت دنیا کے ہر سماج میں انتہائی بے قیمت مخلوق تھی اولاد ماں کو باپ سے ترکہ میں حاصل کیا کرتی تھی لوگ نہایت آزادی سے عورت کا لین دین کیا کرتے تھے اور اس کی رائے کی کوئی قیمت نہیں تھی حد یہ ہے کہ یونان کے فلاسفہ اس نکتہ پر بحث کر رہے تھے کہ اسے انسانوں کی ایک قسم قرار دیا جائے یا یہ ایک ایسی انسان نما مخلوق ہے جسے اس شکل و صورت میں انسان کے انس و الفت کے لیے پیدا کیا گیا ہے تاکہ وہ اس سے ہر قسم کا استفادہ کر سکے استفادہ کر سکے ورنہ اس کا انسانیت سے کوئی تعلق نہیں ہے۔

دور حاضر میں آزادی نسواں اور تساوی حقوق کا نعرہ لگانے والے اور اسلام پر طرح طرح کے الزامات عائد کرنے والے اس حقیقت کو بھول جاتے ہیں کہ عورتوں کے بارے میں اس طرح کی باعزت فکر اور اس کے سلسلہ میں حقوق کا تصور بھی اسلام ہی کا دیا ہوا ہے ورنہ اس کی طرح کی باعزت فکر اور اس کے سلسلہ میں حقوق کا تصور بھی اسلام ہی کا دیا ہوا ہے ورنہ اس نے ذلت کی انتہائی گہرائی سے نکال کر عزت کے اوج پر نہ پہونچا دیا ہوتا تو آج بھی کوئی اس کے بارے میں اس انداز سے سوچنے والا نہ ہوتا یہودیت اور عیسائیت تو اسلام سے پہلے بھی ان موضوعات پر بحث کیا کرتے تھے انہیں اس وقت اس

آزادی کا خیال کیوں نہیں آیا اور انھوں نے اس دور میں مساوی حقوق کا نعرہ کیوں نہیں لگایا یہ آج عورت کی عظمت کا خیال کہاں سے آگیا اور اس کی ہمدردی کا اس قدر جذبہ کہاں سے آگیا؟

درحقیقت یہ اسلام کے بارے میں احسان فراموشی کے علاوہ کچھ نہیں ہے کہ جس نے تیر اندازی سیکھائی اسی کو نشانہ بنا دیا اور جس نے آزادی اور حقوق کا نعرہ دیا اسی پر الزامات عائد کر دیے۔ بات صرف یہ ہے کہ جب دنیا کو آزادی کا خیال پیدا ہوا تو اس نے یہ غور کرنا شروع کیا کہ آزادی کا یہ مفہوم تو ہمارے دیرینہ مقاصد کے خلاف ہے آزادی کا یہ تصور تو اس بات کی دعوت دیتا ہے کہ ہر مسئلہ میں اس کی مرضی کا خیال رکھا جائے اور اس پر کسی طرح کا دباؤ نہ ڈالا جائے اور اس کے حقوق کا تقاضا یہ ہے کہ اسے میراث میں حصہ دیا جائے اسے جاگیرداری اور سرمایہ کا شریک تصور کیا جائے اور یہ ہمارے تمام رکیک، ذلیل اور فرسودہ مقاصد کے منافی ہے لہٰذا انھوں نے اسی آزادی اور حق کے لفظ کو باقی رکھتے ہوئے مطلب برآری کی نئی راہ نکالی اور یہ اعلان کرنا شروع کر دیا کہ عورت کی آزادی کا مطلب یہ ہے کہ وہ جس کے ساتھ چاہے چلی جائے اور اس کے مساوی حقوق کا مفہوم یہ ہے کہ وہ جتنے افراد سے چاہے رابطہ رکھے اس سے زیادہ دور حاضر کے مردوں کو عورتوں سے کوئی دلچسپی نہیں ہے یہ عورت کو کرسی اقتدار پر بٹھاتے ہیں تو اس کا کوئی نہ کوئی مقصد ہوتا ہے اور اس کے برسر اقتدار لانے میں کسی نہ کسی صاحب قوت و جذبات کا ہاتھ ہوتا ہے، اور یہی وجہ ہے کہ وہ قوموں کی سربراہ ہونے کے بعد بھی کسی نہ کسی سربراہ کی ہاں میں ہاں ملاتی رہتی ہے اور اندر سے کسی نہ کسی احساس کمتری میں مبتلا رہتی ہے اسلام اسے صاحب اختیار دیکھنا چاہتا ہے لیکن مردوں کا آلہ کار بن کر نہیں۔ وہ اسے حق اختیار و انتخاب دینا چاہتا ہے لیکن اپنی شخصیت، حیثیت، عزت اور کرامت کا خاتمہ کرنے

کے بعد نہیں۔ اس کی نگاہ میں اس طرح کا اختیار مردوں کو حاصل نہیں ہے تو عورتوں کا کہاں سے حاصل ہو جائے گا جب کہ اس کی عصمت وعفت کی قدر و قیمت مرد سے زیادہ ہے اور اس کی عفت جانے کے بعد دوبارہ واپس نہیں آتی ہے جب کے مرد کے ساتھ ایسی کوئی پریشانی نہیں ہے۔

اسلام مردوں سے بھی یہ مطالبہ کرتا ہے کہ جنس تسکین کے لیے قانون کا دامن نہ چھوڑیں اور کوئی قدم ایسا نہ اٹھائیں جوان کی عزت و شرافت کے خلاف ہو چنانچہ ان تمام عورتوں کی نشاندہی کر دی گئی جن جنسی تعلقات کا جواز نہیں ہے ان تمام صورتوں کی طرف اشارہ کر دیا گیا جن سے سابقہ رشتہ مجروح ہوتا ہے اور ان تمام تعلقات کو بھی واضح کر دیا جن کے بعد پھر دوسرا جنسی تعلق ممکن نہیں رہ جاتا ایسے مکمل اور مرتب نظام زندگی کے بارے میں یہ سوچنا کہ اس نے یکطرفہ فیصلہ کیا ہے اور عورتوں کے حق میں ناانصافی سے کام لیا ہے خود اس کے حق میں ناانصافی بلکہ احسان فراموشی ہے ورنہ اس سے پہلے اسی کے سابقہ قوانین کے علاوہ کوئی اس صنف کا پرسان حال نہیں تھا اور دنیا کی ہر قوم میں اسے نشانہ ظلم بنا لیا گیا تھا۔

اس مختصر تمہید کے بعد اسلام کے چند امتیازی نکات کی طرف اشارہ کیا جا رہا ہے جہاں اس نے عورت کی مکمل شخصیت کا تعارف کرایا ہے اور اسے اس کا واقعی مقام دلوایا ہے۔

(۱) عورت کی حیثیت

ومن آیاتہ ان خلق لکم من انفسکم ازواجا لتسکنوا الیھا وجعل بینکم مودۃ و رحمۃ (روم ۲۱)

اس کی نشانیوں میں سے ایک یہ ہے کہ اس نے تمہارا جوڑا تمھیں میں سے پیدا کیا ہے تاکہ تمھیں اس سے سکون زندگی حاصل ہو اور پھر تمہارے درمیان محبت اور رحمت کا جذبہ بھی قرار دیا ہے۔

آیت کریمہ میں دو اہم باتوں کی طرف اشارہ کیا گیا ہے:

۱۔ عورت عالم انسانیت ہی کا ایک حصہ ہے اور اسے مرد کا جوڑا بنایا گیا ہے۔ اس کی حیثیت مرد سے کمتر نہیں ہے۔

۲۔ عورت کا مقصد وجود مرد کی خدمت نہیں ہے، مرد کا سکون زندگی ہے اور مرد و عورت کے درمیان طرفینی محبت اور رحمت ضروری ہے یہ یکطرفہ معاملہ نہیں ہے۔

ولھن مثل الذی علیھن بالمعروف وللرجال علیھن درجۃ (بقرہ ۲۲۸)

عورتوں کے لیے ویسے ہی حقوق ہیں جیسے ان کے ذمہ فرائض ہیں مردوں کو ان کے اوپر ایک درجہ اور حاصل ہے۔

یہ درجہ حاکمیت مطلقہ کا نہیں ہے بلکہ ذمہ داری کا ہے کہ مردوں کی ساخت میں یہ صلاحیت رکھی گئی ہے کہ وہ عورتوں کی ذمہ داری سنبھال سکیں اور اسی بنا انھیں نان و نفقہ اور اخراجات کا ذمہ دار بنا گیا ہے۔

فاستجاب لھم ربھم انی لا اضیع عمل عامل منکم من ذکر اوا نثی بعضکم من بعض (آل عمران ۱۹۵)

تو اللہ نے ان کی دعا کو قبول کر لیا کہ ہم کسی عمل کرنے والے کے عمل کو ضائع نہیں کرنا چاہتے چاہے وہ مرد ہو یا عورت، تم میں بعض بعض سے ہے، یہاں پر دونوں کے عمل کو برابر کی حیثیت دی گئی ہے اور ایک کو دوسرے سے قرار دیا گیا ہے۔

ولاتتمنوا مافضل اللہ بعضکم علی بعض للرجال نصیب مما اکتسبوا وللنساء نصیب مما اکتسبن (نساء ۳۲)

اور دیکھو جو خدا نے بعض کو بعض سے زیادہ دیا ہے اس کی تمنا نہ کرو مردوں کے لیے اس میں سے حصہ ہے جو انھوں نے حاصل کر لیا ہے۔

یہاں بھی دونوں کو ایک طرح کی حیثیت دی گئی ہے اور ہر ایک کو دوسرے کی فضیلت پر نظر لگانے سے روک دیا گیا ہے۔

وقل رب ارحمھما کما ربیانی صغیرا (اسراء ۲۳)

اور یہ کہو کہ پروردگار ان دونوں (والدین) پر اسی طرح رحمت نازل فرما جس طرح انھوں نے مجھے پالا ہے۔

اس آیت کریمہ میں ماں باپ کو برابر کی حیثیت دی گئی ہے اور دونوں کے ساتھ احسان بھی لازم قرار دیا گیا ہے اور دونوں کے حق میں دعائے رحمت کی بھی تاکید کی گئی ہے۔

یاایھا الذین آمنوالایحل لکم ان ترثوا النسأ کرھا ولاتعضلوھن لتذھبوا ببعض ما آتیتوھن الا ان یاتین بفاحشۃ مبینۃ وعاشروھن بالمعروف فان کرھتموھن فعسی ان تکرھوا شیئا ویجعل اللہ فیہ خیرا کثیرا (نساء ۱۹)

ایمان والو۔ تمھارے لئے نہیں جائز ہے کہ عورت کے زبردستی وارث بن جاؤ اور نہ یہ حق ہے کہ انھیں عقد سے روک دو کہ اس طرح جو تم نے ان کو دیا ہے اس کا ایک حصہ خود لے لو جب تک وہ کوئی کھلم کھلا بدکاری نہ کریں، اور ان کے ساتھ مناسب برتاؤ کرو کہ اگر انھیں ناپسند کرتے ہو تو شاید تم کسی چیز کو ناپسند کرو اور خدا اس کے اندر خیر کثیر قرار دے دے،

واذا طلقتم النسآ فبلغن اجلھن فامسکو ھن بمعروف اؤ سرحوھن بمعروف ولا تمسکو ھن ضرارالتعتقد وا ومن یفعل ذالک فقد ظلم نفسہ (بقرہ ۲۳۱)

اور جب عورتوں کو طلاق دو اور ان کی مدت عدت قریب آ جائے تو چاہو تو انھیں نیکی کے ساتھ روک لو ورنہ نیکی کے ساتھ آزاد کر دو ،اور خبر دار نقصان پہونچانے کی غرض سے مت روکنا کہ اس طرح ظلم کرو گے ،اور جو ایسا کریگا وہ اپنے ہی نفس کا ظالم ہو گا۔

مذکورہ دونوں آیات میں مکمل آزادی کا اعلان کیا گیا ہے جہاں آزادی کا مقصد شرف اور شرافت کا تحفظ ہے اور جان و مال دونوں کے اعتبار سے صاحب اختیار ہونا ہے اور پھر یہ بھی واضح کر دیا گیا ہے کہ ان پر ظلم در حقیقت ان پر ظلم نہیں ہے بلکہ اپنے ہی نفس پر ظلم ہے کہ ان کے لئے فقط دنیا خراب ہوتی ہے اور انسان اس سے اپنی عاقبت خراب کرلیتا ہے جو خرابی دنیا سے کہیں زیادہ بدتر بربادی ہے۔

الرجال قوامون علی النساء بما فضل اللہ بعضھم علی بعض وبما انفقوا من اموالھم۔(نساء ۳۴)

مرد اور عورتوں کے نگراں ہیں اور اس لئے کہ انھوں نے اپنے اموال کو خرچ کیا ہے۔

آیت کریمہ سے بالکل صاف واضح ہو جاتا ہے کہ اسلام کا مقصد مرد کو حاکم مطلق بنا دینا نہیں ہی اور عورت سے اس کی آزادی حیات کا سلب کر لینا نہیں ہے بلکہ اس نے مرد کو بعض خصوصیات کی بناء پر گھر کا نگراں اور ذمہ دار بنا دیا ہے اور اسے عورت کے جان مال اور آبرو کا محافظ قرار دے دیا ہے اس کے علاوہ اس مختصر حاکمیت یا ذمہ داری کو بھی مفت نہیں قرار دیا ہے بلکہ اس کے مقابلہ میں اسے عورت کے تمام اخراجات و مصارف کا ذمہ دار بنا دیا ہے۔

اور کھلی ہوئی بات ہے کہ جب دفتر کا افسر یا کارخانہ کا مالک صرف تنخواہ دینے کی بنا پر حاکمیت کے بیشمار اختیارات حاصل کر لیتا ہے اور اسے کوئی عالم انسانیت توہین نہیں قرار دیتا ہے اور دنیا کا ہر ملک اسی پالیسی پر عمل کر لیتا ہے تو مرد زندگی کی تمام ذمہ داریاں قبول کرنے کے بعد اگر عورت پر پابندی عائد کر دے کہ اس کی اجازت کے بغیر گھر سے باہر نہ جائے اور کیلئے ایسے وسائل سکون فراہم کر دے کہ اسے باہر نہ جانا پڑے اور دوسرے کی طرف ہوس آمیز نگاہ سے نہ دیکھنا پڑے تو کونسی حیرت انگیز بات ہے یہ تو ایک طرح کا بالکل صاف اور سادہ انسانی معاملہ ہے جو ازدواج کی شکل میں منظر عام پر آتا ہے کر مرد کمایا ہوا مال عورت کا ہو جاتا ہے اور عورت کی زندگی کا سرمایہ مرد کا ہو جاتا ہے مرد عورت کے ضروریات پورا کرنے کے لئے گھنٹوں محنت کرتا ہے اور باہر سے سرمایہ فراہم کرتا ہے اور عورت مرد کی تسکین کے لیے کوئی زحمت نہیں کرتی ہے بلکہ اس کا سرمایۂ حیات اس کے وجود کے ساتھ ہے انصاف کیا جائے کہ اس قدر فطری سرمایہ سے اس قدر محنتی سرمایہ کا تبادلہ کیا عورت کے حق میں ظلم اور ناانصافی کہا جا سکتا ہے جب کہ مرد کی تسکین میں بھی عورت برابر کی حصہ دار ہوتی ہے اور یہ جذبہ یک طرف نہیں ہوتا ہے اور عورت کے مال صرف کرنے میں مرد کو کوئی حصہ نہیں ملتا ہے مرد پر یہ ذمہ داری اس کے

مردانہ خصوصیات اور اس کی فطری صلاحیت کی بنا پر رکھی گئی ہے ورنہ یہ تبادلہ مردوں کے حق میں ظلم ہوتا جاتا اور انھیں یہ شکایت ہوتی کہ عورت نے ہمیں کیا سکون دیا ہے اور اس کے مقابلہ میں ہم پر ذمہ داریوں کا کس قدر بوجھ لاد دیا گیا ہے یہ خود اس بات کی واضح دلیل ہے کہ یہ جنس اور مال کا سودا نہیں ہے بلکہ صلاحیتوں کی بنیاد پر تقسیم کار ہے عورت جس قدر خدمت مرد کے حق میں کر سکتی ہے اس کا ذمہ دار عورت کا بنا دیا گیا ہے اور مرد جس قدر خدمت عورت کر سکتا ہے اس کا اسے ذمہ دار بنا دیا گیا ہے اور یہ کوئی حاکمیت یا جلادیت نہیں ہے کہ اسلام پر ناانصافی کا الزام لگا دیا جائے اور اسے حقوق نسواں کا ضائع کرنے والا قرار دے دیا جائے۔

یہ ضرور ہے کہ عالم اسلام میں ایسے مرد بہر حال پائے جاتے ہیں جو مزاجی طور پر ظالم، بے رحم اور جلاد ہیں اور انھیں جلادی کے لیے کوئی موقع نہیں ملتا ہے تو اس کی تسکین کا سامان گھر کے اندر فراہم کرتے ہیں اور اپنے ظلم کا نشانہ عورت کو بناتے ہیں کہ وہ صنف نازک ہونے کی بنا پر مقابلہ کرنے کے قابل نہیں ہے اور اس پر ظلم کرنے میں ان خطرات کا اندیشہ نہیں ہے جو کسی دوسرے مرد پر ظلم کرنے میں پیدا ہوتے ہیں اور اس کے بعد اپنے ظلم کا جواز قرآن مجید کے اس اعلان میں تلاش کرتے ہیں۔

اور ان کا خیال یہ ہے کہ قوامیت نگرانی اور ذمہ داری نہیں ہے بلکہ حاکمیت مطلقہ اور جلادیت ہے حالانکہ قرآن مجید نے صاف صاف دو وجوہات کی طرف اشارہ کر دیا ہے ایک مرد کی ذاتی خصوصیت ہے اور امتیازی کیفیت ہے اور اس کی طرف سے عورت کے اخراجات کی ذمہ داری ہے اور کھلی ہوئی بات ہے کہ دونوں اسباب میں نہ کسی طرح کی حاکمیت پائی جاتی ہے اور نہ جلادیت بلکہ شاید بات اس کے برعکس نظر آئے کہ مرد میں فطری امتیاز تھا تو اسے اس امتیاز سے فائدہ اٹھانے کے بعد ایک ذمہ داری کا مرکز بنا دیا گیا

اور اس طرح اس نے چار پیسے حاصل کیے تو انھیں تنہا کھانے کے بجائے اس میں عورت کا حصہ قرار دیا ہے اور اب عورت وہ مالکہ ہے جو گھر کے اندر چین سے بیٹھی رہے اور مرد وہ خادم قوم ملت ہے جو صبح سے شام تلک اہل خانہ کے آذوقہ کی تلاش میں حیران وسرگرداں رہے یہ در حقیقت عورت کی نسوانیت کی قیمت ہے جس کے مقابلہ میں کسی دولت، شہرت، محنت اور حیثیت کی کوئی قدر و قیمت نہیں ہے۔

(۲) ازدواجی زندگی

انسانی زندگی کا اہم ترین موڑ ہوتا ہے جب دوانسان مختلف الصنف ہونے کے باوجود ایک دوسرے کی زندگی میں مکمل طور سے دخیل ہو جاتے ہیں اور ہر ایک کو دوسرے کی ذمہ داری اور اس کے جذبات کا پورے طور پر لحاظ رکھنا پڑتا ہے۔ اختلاف کی بنا پر حالات اور فطرت کے تقاضے جداگانہ ہوتے ہیں لیکن ہر انسان کو دوسرے کے جذبات کے پیش نظر اپنے جذبات اور احساسات کی مکمل قربانی دینی پڑتی ہے۔

قرآن مجید نے انسان کو اطمینان دلایا ہے کہ یہ کوئی خارجی رابطہ نہیں ہے جس کی وجہ سے اسے مسائل اور مشکلات کا سامنا کرنا پڑے بلکہ یہ ایک فطری معاملہ ہے جس کا انتظام خالق فطرت نے فطرت کے اندر ودیعت کر دیا ہے اور انسان کو اس کی طرف متوجہ بھی کر دیا ہے چنانچہ ارشاد ہوتا ہے:

ومن آیاتہ ان خلق لکم من انفسکم ازواجا لتسکنوا الیھا وجعل بینکم مودۃ ورحمۃ ان فی ذلک لایات لقوم یتفکرون (روم)

اور اللہ کی نشانیوں میں سے یہ بھی ہے کہ اس نے تمھارا جوڑا تمھیں میں سے پیدا کیا ہے تاکہ تمھیں سکون زندگی حاصل ہو اور پھر تمہارے درمیان مودت اور رحمت قرار دی ہے اس میں صاحبان فکر کے لیے بہت سی نشانیاں پائی جاتی ہیں۔

بے شک اختلاف صنف، اختلاف تربیت، اختلاف حالات کے بعد مودت اور رحمت کا پیدا ہو جانا ایک علامت قدرت ورحمت پروردگار ہے جس کے بے شمار شعبہ ہیں اور ہر شعبہ میں متعدد نشانیاں پائی جاتی ہیں آیت کریمہ میں یہ بھی واضح کر دیا گیا ہے کہ

جوڑا اللہ نے پیدا کیا ہے یعنی یہ مکمل خارجی مسئلہ نہیں ہے بلکہ داخلی طور پر ہر مرد میں عورت کے لیے اور ہر عورت میں مرد کے لیے صلاحیت رکھ دی گئی ہے تاکہ ایک دوسرے کو اپنا جوڑا سمجھ کر برداشت کر سکے اور اس سے نفرت اور بیزاری کا شکار نہ ہو اور اس کے بعد رشتہ کے زیر اثر مودت اور رحمت کا بھی قانون بنا دیا تاکہ فطری جذبات اور تقاضے پامال نہ ہونے پائیں یہ قدرت کا حکیمانہ نظام ہے جس سے علیحدگی انسان کے لیے بے شمار مشکلات پیدا کر سکتی ہے چاہے انسان سیاسی اعتبار سے اس علیحدگی پر مجبور ہو یا جذباتی اعتبار سے قصداً مخالفت کرے اولیاء اللہ بھی اپنے ازدواجی رشتوں سے پریشان رہے ہیں تو اس کا راز یہی تھا کہ ان پر سیاسی اور تبلیغی اعتبار سے یہ فرض تھا کہ ایسی خواتین سے عقد کریں اور ان مشکلات کا سامنا کریں تاکہ دین خدا فروغ حاصل کر سکے اور کار تبلیغ انجام پا سکے فطرت اپنا کام بہرحال کر رہی تھی یہ اور بات ہے کہ وہ شرعاً ایسے ازدواج پر مجبور اور مامور تھے کہ ان کا ایک مستقل فرض ہوتا ہے کہ تبلیغ دین کی راہ میں زحمتیں برداشت کریں کہ یہ راستہ پھولوں کی سے چ سے نہیں گذرتا ہے بلکہ پر خار وادیوں سے ہو کر گذرتا ہے۔

اس کے بعد قرآن حکیم نے ازدواجی تعلقات کو مزید استوار بنانے کے لیے فریقین کی نئی ذمہ داریوں کا اعلان کیا اور یہ بات واضح کر دیا کہ صرف مودت اور رحمت سے بات تمام نہیں ہو جاتی ہے بلکہ کچھ اس کے خارجی تقاضے بھی ہیں جنھیں پورا کرنا ضروری ہے ورنہ قلبی مودت و رحمت بے اثر ہو کر رہ جائے گی اور اس کا کوئی نتیجہ حاصل نہ ہو گا ارشاد ہوتا ہے:

ھن لباس لکم وانتم لباس لھن۔ (بقرہ ۱۸۷) عورتیں تمہارے لیے لباس ہیں اور تم ان کے لیے لباس ہو۔

یعنی تمہارا خارجی اور معاشرتی فرض یہ ہے کہ ان کے معاملات کی پردہ پوشی کرو اور اور ان کے حالات کو اسی طرح طشت از بام نہ ہونے دو جس طرح لباس انسان کے عیوب کو واضح نہیں ہونے دیتا ہے اس کے علاوہ تمہارا ایک فرض یہ بھی ہے کہ انھیں سرد و گرم زمانے سے بچاتے رہو اور وہ تمہیں زمانے کی سرد و گرم ہواؤں سے محفوظ رکھیں کہ یہ مختلف ہوائیں اور فضائے کسی بھی انسان کی زندگی کو خطرہ میں ڈال سکتی ہیں اور اس کے جان اور آبرو کو تباہ کر سکتی ہیں۔

دوسری طرف ارشاد ہوتا ہے:

نساءکم حرث لکم فاتوا حرثکم انی شئتم (بقرہ)

تمہاری عورتیں تمہاری کھیتیاں ہیں لہذا اپنی کھیتی میں جب اور جس طرح چاہو آسکتے ہو (شرط یہ ہے کہ کھیتی برباد نہ ہونے پائے)

اس بلیغ فقرہ سے مختلف مسائل کا حل تلاش کیا گیا ہے اولا بات کو یک طرفہ رکھا گیا ہے اور لباس کی طرح فریقین کو ذمہ دار بنا گیا ہے بلکہ مرد کو مخاطب کیا گیا ہے کہ اس رخ سے ساری ذمہ داری مرد پر عائد ہوتی ہے اور کھیتی کی بقا کا مکمل انتظام کاشتکار کے ذمہ ہے زراعت سے اس کا کوئی تعلق نہیں ہے جب کہ پردہ پوشی اور سرد و گرم زمانے سے تحفظ دونوں کی ذمہ داریوں میں شامل تھا۔

دوسری طرف اس نکتہ کی بھی وضاحت کر دی گئی ہے کہ عورت کے رابطہ اور تعلق میں اس کی اس حیثیت کا لحاظ بہر حال ضروری ہے کہ وہ زراعت کی حیثیت رکھتی ہے اور زراعت کے بارے میں کاشتکار کو یہ اختیار تو دیا جا سکتا ہے کہ فصل کے تقاضوں کو دیکھ کر کھیت کو افتادہ چھوڑ دے اور زراعت نہ کرے لیکن یہ اختیار نہیں دیا جا سکتا ہے کہ اسے تباہ و برباد کر دے اور قبل از وقت یا ناوقت زراعت شروع کر دے کہ اسے زراعت نہیں

کہتے ہیں بلکہ ہلاکت کہتے ہیں اور ہلاکت کسی قیمت پر جائز نہیں قرار دی جاسکتی ہے۔

مختصر یہ ہے کہ اسلام نے رشتۂ ازدواج کو پہلی منزل پر فطرت کا تقاضا قرار دیا پھر داخلی طور پر اس میں محبت اور رحمت کا اضافہ کیا اور ظاہری طور پر حفاظت اور پردہ پوشی کو اس کا شرعی نتیجہ قرار دیا اور آخر میں استعمال کے تمام شرائط و قوانین کی طرف اشارہ کر دیا تاکہ کسی بد عنوانی، بے ربطی اور بے لطفی نہ پیدا ہونے پائے اور زندگی خوشگوار انداز سے گذر جائے۔

(۳) بدکاری

ازدواجی رشتہ کے تحفظ کے لیے اسلام نے دو طرح کے انتظامات کیے ہیں : ایک طرف اس رشتہ کی ضرورت، اہمیت اور اس کی ثانوی شکل کی طرف اشارہ کیا اور دوسری طرف ان تمام راستوں پر پابندی عائد کر دی جس کی بنا پر یہ رشتہ غیر ضروری یا غیر اہم ہو جاتا ہے اور مرد کو عورت یا عورت کو مرد کی ضرورت نہیں رہ جاتی ہے، ارشاد ہوتا ہے

ولا تقربوا الزنا انہ کان فاحشۃ وساء سبیلا (اسراء)

اور خبردار زنا کے قریب بھی نہ جانا کہ یہ کھلی ہوئی بے حیائی ہے اور بدترین راستہ ہے۔

اس ارشاد گرامی میں زنا کے دونوں مفاسد کی وضاحت کی گئی ہے کہ ازدواج کے ممکن ہوتے ہوے اور اس کے قانون کے رہتے ہوئے زنا اور بدکاری ایک کھلی ہوئی بے حیائی ہے کہ یہ تعلق انھیں عورتوں سے قائم کیا جائے جن سے عقد ہو سکتا ہے تو بھی قانون سے انحراف اور عفت سے کھیلنا ایک بے غیرتی ہے اور اگر ان عورتوں سے قائم کیا جائے جن سے عقد ممکن نہیں ہے اور ان کا کوئی مقدس رشتہ پہلے سے موجود ہے تو یہ مزید بے حیائی ہے کہ اس طرح اس رشتہ کی بھی توہین ہوتی ہے اور اس کا تقدس بھی پامال ہو جاتا ہے۔

پھر مزید وضاحت کے لیے ارشاد ہوتا ہے:

ان الذین یحبون ان تشیع الفاحشۃ فی الذین آمنوا لھم عذاب الیم (نور)

جو لوگ اس امر کو دوست رکھتے ہیں کہ صاحبان ایمان کے درمیان بدکاری اور بے حیائی کی اشاعت ہو ان کے لیے دردناک عذاب ہے۔

جس کا مطلب یہ ہے کہ اسلام اس قسم کے جرائم کی عمومیت اور ان کا اشتہار دونوں کو ناپسند کرتا ہے کہ اس طرح ایک انسان کی عزت بھی خطرہ میں پڑ جاتی ہے اور دوسی طرف غیر متعلق افراد میں ایسے جذبات بیدار ہو جاتے ہیں اور ان میں جرائم کو آزمانے اور ان کا تجربہ کرنے کا شوق پیدا ہونے لگتا ہے جس کا واضح نتیجہ آج ہر نگاہ کے سامنے ہے کہ جب سے فلموں اور ٹی وی کے اسکرین کے ذریعہ جنسی مسائل کی اشاعت شروع ہوگئی ہے ہر قوم میں بے حیائی میں اضافہ ہو گیا ہے اور ہر طرف اس کا دور دورہ ہو گیا ہے اور ہر شخص میں ان تمام حرکات کا ذوق اور شوق بیدار ہو گیا ہے جن کا مظاہرہ صبح و شام قوم کے سامنے کیا جاتا ہے اور اس کا بدترین نتیجہ یہ ہوا ہے کہ مغربی معاشرہ میں شاہراہ عام پر وہ حرکتیں ظہور پذیر ہو رہی ہیں جنھیں نصف شب کے بعد فلموں کے ذریعہ پیش کیا جاتا ہے اور اپنی دانست میں اخلاقیات کا مکمل لحاظ رکھا جاتا ہے اور حالات اس امر کی نشاندہی کر رہے ہیں کہ مستقبل اس سے زیادہ بدترین اور بھیانک حالات ساتھ لے کر آرہا ہے اور انسانیت مزید ذلت کے کسی گڑھے میں گرنے والی ہے قرآن مجید نے انھیں خطرات کے پیش نظر صاحبان ایمان کے درمیان اس طرح کی اشاعت کو ممنوع اور حرام قرار دے دیا تھا کہ ایک دو افراد کا انحراف سارے سماج پر اثرانداز نہ ہو اور معاشرہ تباہی اور بربادی کا شکار نہ ہو۔ رب کریم ہر صاحب ایمان کو اس بلا سے محفوظ رکھے۔

(۴) تعدد ازدواج

دور حاضر کا حساس ترین موضوع تعدد ازدواج کا موضوع ہے جسے بنیاد بنا کر مغربی دنیا نے عورتوں کو اسلام کے خلاف خوب استعمال کیا ہے اور مسلمان عورتوں کو بھی یہ باور کرانے کی کوشش کی ہے کہ تعدد ازدواج کا قانون عورتوں کے ساتھ ناانصافی ہے اور ان کی تحقیر و توہین کا بہترین ذریعہ ہے گویا عورت اپنے شوہر کی مکمل محبت کی بھی حقدار نہیں ہو سکتی ہے اور اسے شوہر کی آمدنی کی طرح اس کی محبت کی بھی مختلف حصوں پر تقسیم کرنا پڑے گا اور آخر میں جس قدر حصہ اپنی قسمت میں لکھا ہو گا اسی پر اکتفا کرنا پڑے گا۔

عورت کا مزاج حساس ہوتا ہے لہذا اس پر اس طرح کی ہر تقریر با قاعدہ طور پر اثر انداز ہو سکتی ہے اور یہی وجہ ہے کہ مسلمان مفکرین نے اسلام اور مغرب کو یکجا کرنے کے لیے اور اپنے زعم ناقص میں اسلام کو بدنامی سے بچانے کے لیے طرح طرح کی تاویلیں کی ہیں اور نتیجہ کے طور پر یہ ظاہر کرنا چاہا ہے کہ اسلام نے یہ قانون صرف مردوں کی تسکین قلب کے لیے بنا دیا ہے ورنہ اس پر عمل کرنا ممکن نہیں ہے اور نہ اسلام یہ چاہتا ہے کہ کوئی مسلمان اس قانون پر عمل کرے اور اس طرح عورتوں کے جذبات کو مجروح بنائے۔ ان بے چارے مفکرین نے یہ سوچنے کی بھی زحمت نہیں کی ہے کہ اس طرح الفاظ قرآن کی تو تاویل کی جا سکتی ہے اور قرآن مجید کو مغرب نواز قانون ثابت کیا جا سکتا ہے۔ لیکن اسلام کے سربراہوں اور بزرگوں کی سیرت کا کیا ہو گا جنھوں نے عملی طور پر اس قانون پر عمل کیا ہے اور ایک وقت میں متعدد بیویاں رکھی ہیں جب کہ ان کے

ظاہری اقتصادی حالات بھی ایسے نہیں تھے جیسے حالات آجکل کے بے شمار مسلمانوں کو حاصل ہیں اور ان کے کردار میں کسی قدر عدالت اور انصاف کیوں نہ فرض کر لیا جائے عورت کی فطرت کا تبدیل ہونا ممکن نہیں ہے اور اسے یہ احساس بہرحال رہے گا کہ میرے شوہر کی توجہ یا محبت میرے علاوہ دوسری خواتین سے بھی متعلق ہے۔

مسئلہ کے تفصیلات میں جانے کے لیے بڑا وقت درکار ہے اجمالی طور پر صرف یہ کہا جا سکتا ہے کہ اسلام کے خلاف یہ محاذ ان لوگوں نے کھولا ہے جن کے یہاں عورت سے محبت کا کوئی شعبہ نہیں ہی ہے اور ان کے نظام میں شوہر یا زوجہ کی اپنائیت کا کوئی تصور ہی نہیں ہے یہ اور بات ہے کہ ان کی شادی کو لو میرج سے تعبیر کیا جاتا ہے لیکن یہ انداز شادی خود اس بات کی علامت ہے کہ انسان نے اپنی محبت کے مختلف مرکز بنائے ہیں اور آخر میں قافلہ جنس کو ایک مرکز پر ٹھہرا دیا ہے اور یہی حالات میں اس خالص محبت کا کوئی تصور ہی نہیں ہو سکتا ہے جس کا اسلام سے مطالبہ کیا جا رہا ہے۔

اس کے علاوہ اسلام نے تو بیوی کے علاوہ کسی عورت سے محبت کا جائز بھی نہیں رکھا ہے اور بیویوں کی تعداد بھی محدود رکھی ہے اور عقد کے شرائط بھی رکھ دیئے ہیں مغربی معاشرہ میں تو آج بھی یہ قانون عام ہے کی ہر مرد کی زوجہ ایک ہی ہو گی چاہے اس کی محبوبہ کسی قدر کیوں نہ ہوں سوال یہ پیدا ہوتا ہے کہ یہ محبوبہ محبت کے علاوہ کسی اور رشتہ سے پیدا ہوتی ہے؟ اور اگر محبت ہی سے پیدا ہوتی ہے تو یہ محبت کی تقسیم کے علاوہ کیا کوئی اور شیئے ہے؟ حقیقت امر یہ ہے کہ ازدواج کی ذمہ داریوں اور گھریلو زندگی کے فرائض سے فرار کرنے کے لیے مغرب نے عیاشی کا نیا راستہ نکالا ہے اور عورت کو جنس سربازار بنا دیا ہے اور یہ غریب آج بھی خوش ہے کہ مغرب نے ہمیں ہر طرح کا اختیار دیا ہے اور اسلام نے پابند بنا دیا ہے۔

یہ صحیح ہے کہ اگر کسی بچہ کو دریا کنارے موجوں کا تماشہ کرتے ہوئے چھلانگ لگانے کا ارادہ کرے اور چھوڑ دیجئے تو یقیناً خوش ہو گا کہ آپ نے اس کی خواہش کا احترام کیا ہے اور اس کے جذبات پر پابندی عائد نہیں کی ہے چاہے اس کے بعد ڈوب کر مر ہی کیوں نہ جائے لیکن اگر اسے روک دیا جائے گا تو وہ یقیناً ناراض ہو جائے گا چاہے اس میں زندگی کا راز ہی کیوں نہ مضمر ہو مغربی عورت کی صورت حال اس مسئلہ میں بالکل ایسی ہی ہے کہ اسے آزادی کی خواہش ہے اور وہ ہر طرح اپنی آزادی کو استعمال کرنا چاہتی ہے اور کرتی ہے۔ لیکن جب مختلف امراض میں مبتلا ہو کر دنیا کے لیے ناقابل توجہ ہو جاتی ہے اور کوئی اظہار محبت کرنے والا نہیں ملتا ہے تو اسے اپنی آزادی کے نقصانات کا اندازہ ہوتا ہے لیکن اس وقت موقع ہاتھ سے نکل چکا ہوتا ہے اور انسان کے پاس کف افسوس ملنے کے علاوہ کوئی چارہ کار نہیں ہوتا ہے۔

مسئلہ تعدد ازدواج پر سنجیدگی سے غور کیا جائے تو یہ ایک بنیادی مسئلہ ہے جو دنیا کے بے شمار مسائل کا حل ہے اور حیرت انگیز بات یہ ہے کہ دنیا کی بڑھتی ہوئی آبادی اور غذا کی قلت کو دیکھ کر قلت اولاد اور ضبط تولید کا احساس تو تمام مفکرین کے دل میں پیدا ہوا لیکن عورتوں کی کثرت اور مردوں کی قلت سے پیدا ہونے والے مشکلات کو حل کرنے کا خیال کسی کے ذہن میں نہیں آیا۔

دنیا کی آبادی کے اعداد و شمار کے مطابق اگر یہ بات صحیح ہے کہ عورتوں کی آبادی مردوں سے زیادہ ہے تو ایک بنیادی سوال یہ پیدا ہوتا ہے کہ اس مزید آبادی کا انجام کیا ہو گا اس کے لیے ایک راستہ یہ ہے کہ اسے گھٹ گھٹ کر مرنے دیا جائے اور اس کے جنسی جذبات کی تسکین کا کوئی انتظام نہ کیا جائے یہ کام جابرانہ سیاست تو کر سکتی ہے لیکن کریمانہ شریعت نہیں کر سکتی ہے اور دوسرا راستہ یہ ہے کہ اسے عیاشوں کے لیے آزاد کر

دیا جائے اور کسی بھی اپنی جنسی تسکین کا اختیار دے دیا جائے یہ بات صرف قانون کی حد تک تو تعدد ازدواج سے مختلف ہے لیکن عملی اعتبار سے تعدد ازدواج ہی کی دوسری شکل ہے کہ ہر شخص کے پاس ایک عورت زوجہ کے نام سے ہوگی اور ایک کسی اور نام سے ہوگی اور دونوں میں سلوک، برتاؤ اور محبت کا فرق رہے گا کہ ایک اس کی محبت کا مرکز بنے گی اور ایک اس کا خواہش کا۔ انصاف سے غور کیا جائے کہ یہ کیا دوسری عورت کی توہین نہیں ہے کہ اسے نسوانی احترام سے محروم کر کے صرف جنسی تسکین تک محدود کر دیا جائے اور کیا اس صورت میں یہ امکان نہیں پایا جاتا ہے اور ایسے تجربات سامنے نہیں ہیں کہ اضافی عورت ہی اصلی مرکز محبت قرار پائے اور جسے مرکز بنایا تھا اس کی مرکزیت کا خاتمہ ہو جائے۔

بعض لوگ نے اس مسئلہ کا یہ حل نکالنے کی کوشش کی ہے کہ عورتوں کی آبادی یقیناً زیادہ ہے لیکن جو عورتیں اقتصادی طور پر مطمئن ہوتی ہیں انھیں شادی کی ضرورت نہیں ہوتی ہے اور اس طرح دونوں کا اوسط برابر ہو جاتا ہے اور تعدد کی کوئی ضرورت نہیں رہ جاتی ہے لیکن یہ تصور انتہائی جاہلانہ اور احمقانہ ہے اور یہ دیدہ ودانستہ چشم پوشی کے مترادف ہے کہ شوہر کی ضرورت صرف معاشی بنیادوں پر ہوتی ہے اور جب معاشی حالات سازگار ہوتے ہیں تو شوہر کی ضرورت نہیں رہ جاتی ہے حالانکہ مسئلہ اس کے بالکل برعکس ہے پریشان حال عورت تو کسی وقت حالات میں مبتلا ہو کر شوہر کی ضرورت کے احساس سے غافل ہو سکتی ہے لیکن مطمئن عورت کے پاس تو اس کے علاوہ کوئی دوسرا مسئلہ ہی نہیں ہے، وہ اس بنیادی مسئلہ سے کس طرح غافل ہو سکتی ہے۔

اس مسئلہ کا دوسرا رخ یہ بھی ہے کہ مردوں اور عورتوں کی آبادی کے اس تناسب سے انکار کر دیا جائے اور دونوں کو برابر تسلیم کر لیا جائے لیکن ایک مشکل بہر حال پیدا ہو

گی کہ فسادات اور آفات میں عام طور سے مردوں ہی کی آبادی میں کمی پیدا ہوتی ہے اور اس طرح یہ تناسب ہر وقت خطرہ میں رہتا ہے اور پھر بعض مردوں میں یہ استطاعت نہیں ہوتی ہے کہ وہ عورت کی زندگی اٹھا سکیں، یہ اور بات ہے کہ خواہش ان کے دل میں بھی پیدا ہوتی ہے اس لیے کہ جذبات معاشی حالات کی پیداوار نہیں ہوتے ہیں۔ ان کا سرچشمہ ان حالات سے بالکل الگ ہے اور ان کی دنیا کا قیاس اس دنیا پر نہیں کیا جا سکتا ہے۔ ایسی صورت میں مسئلہ کا ایک ہی حل رہ جاتا ہے کہ جو صاحبان دولت و ثروت واستطاعت ہیں انھیں مختلف شادیوں پر آمادہ کیا جائے اور جو غریب اور نادار ہیں اور مستقل خرچ برداشت نہیں کرسکتے ہیں ان کے لیے غیر مستقل انتظام کیا جائے اور سب کچھ قانون کے دائرہ کے اندر ہو مغربی دنیا کی طرح لاقانونیت کا شکار نہ ہو کہ دنیا کی ہر زبان میں قانونی رشتہ کو ازدواج اور شادی سے تعبیر کیا جاتا ہے اور غیر قانونی رشتہ کو عیاشی کہا جاتا ہے اسلام ہر مسئلہ کو انسانیت، شرافت اور قانون کی روشنی میں حل کرنا چاہتا ہے اور مغربی دنیا قانون اور لاقانونیت میں امتیاز کی قائل نہیں ہے حیرت کی بات ہے جو لوگ ساری دنیا میں اپنی قانون پرستی کا ڈھنڈورا پیٹتے ہیں وہ جنسی مسئلہ میں اس قدر بے حس ہو جاتے ہیں کہ یہاں کسی قانون کا احساس نہیں رہ جاتا ہے اور مختلف قسم کے ذلیل ترین طریقے بھی برداشت کر لیتے ہیں جو اس بات کی علامت ہے کہ مغرب ایک جنس زدہ ماحول ہے جس نے انسانیت کا احترام ترک کر دیا ہے اور وہ اپنی جنسیت ہی کو احترام انسانیت کا نام دے کر اپنے عیب کی پردہ پوشی کرنے کی کوشش کر رہا ہے۔

بہر حال قرآن نے اس مسئلہ پر اس طرح روشنی ڈالی ہے:

وان خفتم الا تقسطوا فی الیتامی فانکحوا ما طاب لکم من النسآ مثنی او ثلاث وربع فان خفتم الا تعدلوا فواحدۃ او ماملکت ایمانکم ذلک ادنی الا تعدلوا (نساء ۳)

اور اگر تمہیں یہ خوف ہے کہ یتیموں کے بارے میں انصاف نہ کر سکو گے تو جو عورتیں تمھیں اچھی لگیں ان سے عقد کرو دو تین چار اور اگر خوف ہے کہ ان میں بھی انصاف نہ کر سکو گے تو پھر ایک یا جو تمھاری کنیزیں ہیں۔ آیت شریفہ سے صاف ظاہر ہوتا ہے کہ سماج کے ذہن میں ایک تصور تھا کہ یتیموں کے ساتھ عقد کرنے میں اس سلوک کا تحفظ مشکل ہو جاتا ہے جس کا مطالعہ ان کے بارے میں کیا گیا ہے تو قرآن نے صاف واضح کر دیا کہ اگر یتیموں کے بارے میں انصاف مشکل ہے اور اس کے ختم ہو جانے کا خوف اور خطرہ ہے تو غیر یتیم افراد میں شادیاں کرو اور اس مسلہ میں تمھیں چار تک آزادی دے دی گئی ہے کہ اگر انصاف کر سکو تو چار تک عقد کر سکتے ہو ہاں اگر یہاں بھی انصاف بر قرار نہ رہنے خوف ہے تو پھر ایک ہی پر اکتفاء کرو اور باقی کنیزوں سی استفادہ کرو۔

اس میں کوئی شک نہیں ہے کہ تعدد ازدواج میں انصاف کی قید ہوس رانی کے خاتمہ اور قانون کی برتری کی بہترین علامت ہے اور اس طرح عورت کے وقار واحترام کو مکمل تحفظ دیا گیا ہے لیکن اس سلسلہ میں یہ بات نظر انداز نہیں ہونی چاہئیے کہ انصاف کا وہ تصور بالکل بے بنیاد ہے جو ہمارے سماج میں رائج ہو گیا ہے اور جس کے پیش نظر تعدد ازدواج کو صرف ایک ناقابل عمل فارمولا قرار دے دیا گیا ہے کہا یہ جاتا ہے کہ انصاف مکمل مساوات ہے اور مکمل مساوات بہر حال ممکن نہیں ہے اسی لئے کہ نئی عورت کی بات اور ہوتی ہے اور پرانی عورت کی بات اور ہوتی ہے اور دونوں کے ساتھ مساویانہ برتاؤ ممکن نہیں حالانکہ یہ تصور بھی ایک جاہلانہ ہے انصاف کے معنی صرف یہ ہیں کہ ہر صاحب حق کو اس کا حق دے دیا جائے جسے شریعت کی زبان میں واجبات کی پابندی اور حرام سے پرہیز سے تعبیر کیا جاتا ہے اس سے زیادہ انصاف کا کوئی مفہوم نہیں ہے بنابر

ایں اگر اسلام نے چار عورتوں میں ہر عورت کی ایک رات قرار دی ہے تو اس سے زیادہ کا مطالبہ کرنا نا انصافی ہے گھر میں رات نہ گذارنا نا انصافی نہیں ہے اسی طرح اگر اسلام نے فطرت کے خلاف نئی اور پرانی زوجہ کو یکساں قرار دیا ہے تو ان کے درمیان امتیاز برتنا خلاف انصاف ہے لیکن اگر اسی نے فطرت کے تقاضوں کے پیش نظر شادی کے ابتدائی سات دن نئی زوجہ کے لئے مقرر کر دیئے ہیں تو اس سلسہ میں پرانی زوجہ کا مداخلت کرنا نا انصافی ہے۔ شوہر کا امتیازی برتاؤ کرنا نا انصافی نہیں ہے اور حقیقت امر یہ ہے کہ سماج نے شوہر کے سارے اختیار سلب کر لئے ہیں لہٰذا اس کا ہر اقدام ظلم نظر آتا ہے ورنہ ایسے شوہر بھی ہوتے ہیں جو قومی یا سیاسی ضرورت کی بناء پر مدتوں گھر کے اندر داخل نہیں ہوتے ہیں اور زوجہ اس بات پر خوش رہتی ہے کہ میں بہت بڑے عہدیدار یا وزیر کی زوجہ ہوں اور اس وقت اسے اس بات کا خیال بھی آتا ہے کہ میرا کوئی حق پامال ہو رہا ہے لیکن اسی زوجہ کو اگر یہ اطلاع ہو جائے کہ وہ دوسری زوجہ کے گھر رات گذارتا ہے تو ایک لمحہ کے لیے برداشت کرنے کو تیار نہ ہو گی جو صرف ایک جذباتی فیصلہ ہے اور اس کا انسانی زندگی کے ضروریات سے کوئی تعلق نہیں ہے ضرورت کا لحاظ رکھا جائے تو اکثر حالات میں اور اکثر انسانوں کے لیے متعدد شادیاں کرنا ضروریات میں شامل ہے جس سے کوئی مرد یا عورت انکار نہیں کر سکتا ہے یہ اور بات ہے کہ سماج سے دونوں مجبور ہیں اور کبھی گھٹن کی زندگی گذار لیتے ہیں اور کبھی بے راہ روی کے راستہ پر چل پڑتے ہیں جسے ہر سماج برداشت کر لیتا ہے اور اسے معذور قرار دے دیتا ہے جب کہ قانون کی پابندی اور رعایت میں معذور قرار نہیں دیتا ہے۔

اس سلسلہ میں یہ بات بھی قابل توجہ ہے کہ اسلام نے تعدد ازدواج کو عدالت سے مشروط قرار دیا ہے لیکن عدالت کو اختیاری نہیں رکھا ہے بلکہ اسے ضروری قرار دیا ہے

اور ہر مسلمان سے مطالبہ کیا ہے کہ اپنی زندگی میں عدالت سے کام لے اور کوئی کام خلاف عدالت نہ کرے عدالت کے معنی واجبات کی پابندی اور حرام سے پرہیز کے ہیں اور اس مسئلہ میں کوئی انسان آزاد نہیں ہے، ہر انسان کے لیے واجبات کی پابندی بھی ضروری ہے اور حرام سے پرہیز بھی۔ لہذا عدالت کوئی اضافی شرط نہیں ہے اسلامی مزاج کا تقاضہ ہے کہ ہر مسلمان کو عادل ہونا چاہیے اور کسی مسلمان کو عدالت سے باہر نہیں ہونا چاہیے جس کا لازمی اثر یہ ہو گا کہ قانون تعددازدواج ہر سچے مسلمان کے لیے قابل عمل بلکہ بڑی حد تک واجب العمل ہے کہ اسلام نے بنیادی مطالبہ دو یا تین یا چار کا کیا ہے اور ایک عورت کو استثنائی صورت دی ہے جو صرف عدالت کے نہ ہونے کی صورت میں ممکن ہے اور اگر مسلمان واقعی مسلمان ہے یعنی عادل ہے تو اس کے لیے قانون دو یا تین یا چار ہی کا ہے اس کا قانون ایک کا نہیں ہے جس کی مثالیں بزرگان مذہب کی زندگی میں ہزاروں کی تعداد میں مل جائیں گی اور آج بھی رہبران دین کی اکثریت اس قانون پر عمل پیرا ہے اور اسے کسی طرف سے خلاف اخلاق و تہذیب یا خلاف قانون و شریعت نہیں سمجھتی ہے اور نہ کوئی ان کے کردار پر اعتراض کرنے کی ہمت کرتا ہے زیر لب مسکراتے ضرور ہیں کہ یہ اپنے سماج کے جاہلانہ نظام کی دین ہے اور جہالت کا کم سے کم مظاہرہ اسی انداز سے ہوتا ہے۔

اسلام نے تعددازدواج کے ناممکن ہونے کی صورت میں بھی کنیزوں کی اجازت دی ہے کہ اسے معلوم ہے کہ فطری تقاضے صحیح طور پر ایک عورت سے پورے ہونے مشکل ہیں، لہذا اگر ناانصافی کا خطرہ ہے اور دامن عدالت کے ہاتھ سے چھوٹ جانے کا اندیشہ ہے تو انسان زوجہ کے ساتھ رابطہ کر سکتا ہے اگر کسی سماج میں کنیزوں کا وجود ہو اور ان سے رابطہ ممکن ہو۔ اس مسئلہ سے ایک سوال خود بخود پیدا ہوتا ہے کہ اسلام نے اس

احساس کا ثبوت دیتے ہوئے کہ ایک عورت سے پر سکون زندگی گذارنا انتہائی دشوار گذار عمل ہے پہلے تعدد ازدواج کی اجازت دی اور پھر اس کے ناممکن ہونے کی صورت میں دوسری زوجہ کی کمی کنیز سے پوری کی تو اگر کسی سماج میں کنیزوں کا وجود نہ ہو یا اس قدر قلیل ہو کہ ہر شخص کی ضرورت کا انتظام نہ ہو سکے تو اس کنیز کا متبادل کیا ہو گا اور اس ضرورت کا اعلاج کس طرح ہو گا جس کی طرف قرآن مجید نے ایک زوجہ کے ساتھ کنیز کے اضافہ سے اشارہ کیا ہے۔

یہی وہ جگہ ہے جہاں سے متعہ کے مسئلہ کا آغاز ہوتا ہے یا اور انسان یہ سوچنے پر مجبور ہوتا ہے کہ اگر اسلام نے مکمل جنسی حیات کی تسکین کا سامان کیا ہے اور کنیزوں کا سلسلہ موقوف کر دیا ہے اور تعدد ازدواج میں عدالت و انصاف کی شرط لگا دی ہے تو اسے دوسرا راستہ بہر حال کھولنا پڑے گا تا کہ انسان عیاشی اور بدکاری سے محفوظ رہ سکے، یہ اور بات ہے کہ ذہنی طور پر عیاشی اور بدکاری کے دلدادہ افراد متعہ کو بھی عیاشی کا نام دے دیتے ہیں اور یہ متعہ کی مخالفت کی بنا پر نہیں ہے بلکہ عیاشی کے جواز کی بنا پر ہے کہ جب اسلام میں متعہ جائز ہے اور وہ بھی ایک طرح کی عیاشی ہے تو متعہ کی کیا ضرورت ہے سیدھے سیدھے عیاشی ہی کیوں نہ کی جائے اور یہ در حقیقت متعہ کی دشواریوں کا اعتراف ہے اور اس امر کا اقرار ہے کہ متعہ عیاشی نہیں ہے اس میں قانون، قاعدہ کی رعایت ضروری ہے اور عیاشی ان تمام قوانین سے آزاد اور بے پرواہ ہوتی ہے۔

سرکار دوعالم کے اپنے دور حکومت میں اور خلافتوں کے ابتدائی دور میں متعہ کا رواج قرآن مجید کے اسی قانون کی عملی تشریح تھا جب کہ اس دور میں کنیزوں کا وجود تھا اور ان سے استفادہ ممکن تھا تو یہ فقہاء اسلام کو سوچنا چاہیے کہ جب اس دور میں سرکار دوعالم نے حکم خدا کے اتباع میں متعہ کو حلال اور رائج کر دیا تھا تو کنیزوں کے خاتمہ کے بعد اس

قانون کو کس طرح حرام کیا جا سکتا ہے یہ تو عیاشی کا کھلا ہوا راستہ ہو گا کہ مسلمان اس کے علاوہ کسی راستہ نہ جائے گا اور مسلسل حرام کاری کرتا رہے جیسا کہ امیر المومنین حضرت علی نے فرمایا تھا کہ اگر متعہ حرام نہ کر دیا گیا ہوتا تو بد نصیب اور شقی انسان کے علاوہ کوئی زنا نہ کرتا گویا آپ اس امر کی طرف اشارہ کر رہے تھے کہ متعہ پر پابندی عائد کرنے والے نے متعہ کا راستہ بند نہیں کیا ہے بلکہ عیاشی اور بدکاری کا راستہ کھولا ہے اور اس کا روز قیامت جوابدہ ہونا پڑے گا۔

اسلام اپنے قوانین میں انتہائی حکیمانہ روش اختیار کرتا ہے اور اس سے انحراف کرنے والوں کو شقی اور بد بخت سے تعبیر کرتا ہے۔!

***